AUTOMASAJE EN LA OFICINA

Puede servirte para
quien consideres oportuno.
Con cariño. *Manolo*

AUTOMASAJE EN
LA OFICINA

EJERCICIOS PARA EVITAR MALAS POSTURAS

Y ELIMINAR TENSIONES

Automasaje en la oficina

Título original: Entspannung in der Mittagspause
Redacción de texto: Ursula Kemper
Traducción: Ana Andrés Lleó
Diseño de cubierta: La Compañía de Diseño
Diseño de maqueta: Mónica Mestanza
Fotografías de interior: Studio Team, Langen/W. Zöltsch
Compaginación: Pacmer, S.A.

© de la versión alemana: 1998, Falken Verlag,
  65527 Niadernhausen/Ts.
© de la versión española: 2001, RBA Libros, S.A.
  Pérez Galdós, 36 - 08012 Barcelona

Ref.: LPX-1 / ISBN: 84-7901-734-1
Depósito Legal: B-16.062-2001
Impreso por Novoprint, S. A.

Índice

Introducción

El ritmo de vida actual se ha convertido en un reto permanente que influye de muy diversas maneras en nuestro trabajo, nuestro hogar y muchos otros ámbitos; el día a día está marcado por el constante intento de responder a estas exigencias. A todo ello hay que añadir, además, la avalancha de estímulos visuales y acústicos a los que estamos expuestos inexorablemente. Todo esto suele generar una sensación de estrés y sobrecarga que, a su vez, genera el deseo de disfrutar de espacio vital, tranquilidad y una profunda relajación. No satisfacer estas necesidades puede acarrearnos dolores musculares y enfermedades que obligan al descanso.

Para evitarlo, es necesario detenerse de vez en cuando y permitirse un descanso. Estas pequeñas pausas nos permiten prestar atención a las señales que emite el cuerpo y encontrar tiempo para relajarnos o movernos, en función de nuestras necesidades.

¿Por qué diez minutos?

Todos hemos vivido esta experiencia en alguna ocasión: hay situaciones especiales –un cumpleaños, un fin de año, la recuperación de una enfermedad– en las que tomamos la decisión de cambiar ciertos aspectos de nuestra vida. Nos hacemos buenos propósitos y decidimos firmemente, por ejemplo, hacer más por nuestra salud (dejar de fumar, salir a correr a diario, dar largos paseos...), pero poco tiempo después, nos damos cuenta de que no es tan fácil cambiar de hábitos. El problema radica, a menudo, en que nos hemos propuesto demasiadas cosas a la vez. Nos acaba faltando tiempo y resulta difícil vencer la ociosidad.

Es mucho más fácil avanzar progresivamente. Esto implica dos cosas: la primera, que no debemos fijarnos objetivos desmesurados y, por tanto, difíciles de alcanzar; la segunda, que hemos de marcarnos un programa global que tengamos tiempo de abarcar.

La pausa de diez minutos resulta la más adecuada porque es global y puede incluirse con regularidad en una vida laboral y familiar llena de compromisos; y, si disponemos de tiempo, no sólo podemos llevarla a cabo al mediodía, sino también en cualquier otro momento. La pausa de diez minutos nos proporciona tiempo suficiente para sumergirnos en los ejercicios y renovar nuestras fuerzas.

Podemos dedicar el tiempo que deseemos a cada uno de estos ejercicios, sin peligro alguno, dependiendo de nuestras necesidades.

¿A quién van dirigidos estos ejercicios?

Todos los ejercicios de relajación de este libro son efectivos y cualquier persona sana, sea cual sea su edad, puede ponerlos en práctica con facilidad; el ritmo es lento, ya que el objetivo final es la relajación.

Los movimientos son fáciles, incluso para quienes llevan mucho tiempo haciendo poco ejercicio y se sienten anquilosados. En estos casos, precisamente, lo mejor es empezar con precaución e intentar no exigirse demasiado desde el principio para evitar lesiones.

Tan sólo las personas que padezcan enfermedades físicas o mentales graves deben hacer una consulta previa a su médico y determinar cuál es el momento idóneo para llevar a cabo dichos ejercicios.

El objetivo del programa

La meta principal que persigue este programa es encontrar descanso y relajación.

Relajarse no significa abandonarse a la pasividad y flaccidez, ya que esto genera sensación de vacío y falta de energía. «Relajarse» hace referencia a eliminar el exceso de tensión en el cuerpo para encontrar un equilibrio dinámico.

El mejor ejemplo lo constituyen los animales y, en especial, los gatos, porque su interior está preparado y despierto incluso cuando descansan. Este verdadero estado de relajación nos alivia física y anímicamente, estimula la circulación sanguínea, activa el metabolismo, disminuye la hipertensión arterial y fortalece las funciones de los órganos internos. La normalización de los procesos internos nos devuelve el equilibrio emocional y neurovegetativo; los nervios se apaciguan y la respiración se hace más profunda y fluida.

La relajación también tiene un efecto muy positivo en los órganos sensoriales, ya que las capacidades visual y auditiva suelen agudizarse.

En suma, gracias a estos ejercicios conseguirá crear las condiciones necesarias para hacer frente a las diversas exigencias de la vida diaria con tranquilidad interior, serenidad y fuerza.

Algunas formas de relajación

Método Dore Jacobs: trabajar el cuerpo globalmente

Los ejercicios de este libro se basan, principalmente, en la teoría desarrollada por Dore Jacobs (1894-1979) a partir de su visión del ser humano como una unidad de cuerpo, mente y espíritu. Este método parte del concepto de que no existen movimientos aislados, sino un solo movimiento global que afecta a todo el organismo. En este contexto, el «movimiento interior» adquiere especial importancia y hace referencia a la respiración y a la circulación, dos elementos que para Jacobs son la personificación de lo espiritual en el movimiento y que, a su vez, lo impulsan hacia el exterior.

El trabajo físico persigue aprender a través de la experiencia; es decir, aprender a sentir el cuerpo y a desarrollar una conciencia física que lo ayude a percibir la tensión, las posturas incorrectas y los movimientos perjudiciales para la salud. Con todo esto, usted podrá desarrollar o recobrar instintivamente movimientos naturales y curativos con los que el organismo recuperará su movilidad natural, adoptará una postura erguida sin esfuerzo, aumentará la capacidad pulmonar, estimulará de forma beneficiosa la circulación y los órganos internos, y le hará disfrutar del ejercicio. Tratar el cuerpo con delicadeza incrementa, además, la sensibilidad respecto al entorno personal y social.

Entrenamiento autógeno

Entre 1926 y 1932, J. H. Schultz desarrolló una de las formas de relajación más famosas: el entrenamiento autógeno. Su método se basaba en los estudios que Oskar Vogt había realizado treinta años antes sobre el hipnotismo. Durante sus investigaciones, Vogt observó que algunos de sus voluntarios

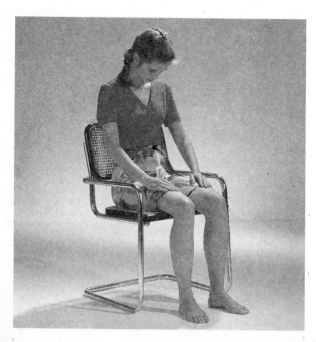

eran capaces de autosumergirse en un profundo estado de relajación sin necesidad de estímulos externos. Schultz utilizó esta capacidad para transmitir a la gente una sensación de paz y recogimiento interior que posibilitara y facilitara el distanciamiento de la vida cotidiana y el restablecimiento del equilibrio espiritual.

El entrenamiento autógeno puede realizarse en diversas posturas: tumbado de espaldas en el suelo, o bien sentado y recostado con suavidad en una silla, con las piernas separadas, el peso en la pelvis y la cabeza y los hombros inclinados ligeramente hacia delante (ver fotografía de la página 12).

El proceso consiste en apaciguar el sistema nervioso central recurriendo a fórmulas de autosugestión y después imaginar experiencias y sentimientos –que pueden intensificarse con imágenes individuales– para que nuestro cuerpo y nuestra mente entren en un estado de profunda relajación y paz.

Puede utilizar las siguientes fórmulas:

- «Estoy muy tranquilo» para tranquilizarse.
- «El brazo derecho me pesa enormemente» a fin de sentir la sensación de gravedad.
- «Siento un agradable calorcillo» si quiere sentir calor.

- «Respiro profundamente» para respirar con tranquilidad.
- «El corazón late tranquilo y acompasado» con la finalidad de mantener un ritmo cardíaco regular y tranquilo.
- «El plexo solar irradia calor» si quiere sentir calor en el abdomen.
- «Tengo la frente fresca» para conseguir sentir frescura en la frente.

Todos los entrenamientos autógenos se terminan de la siguiente manera: doblando y estirando con fuerza los dos brazos, respirando profundamente y abriendo los ojos.

Eutonía según Gerda Alexander

La zona intermedia entre el exceso y la falta de tensión –la tensión equilibrada– es la base tanto de la salud mental como de la física del ser humano. La eutonía (*eu* «correcto, armónico»; *tono* «tensión») es una técnica desarrollada por Gerda Alexander para percibir las alteraciones espontáneas del tono y restablecer su equilibrio.

En primer lugar, se comprueba la percepción que se tiene del propio cuerpo –la «imagen corporal»– modelando y dibujando un cuerpo humano. El aspecto externo raras veces coincide con el dibujo: las zonas del organismo que no se perciben, apenas se dibujan; las tensiones que se notan, en cambio, aparecen claramente. Los ejercicios de percepción y exploración ayudan en gran medida a educar la sensibilidad hacia la superficie corporal (la piel) y, con ello, a sentir mucho más el cuerpo.

A continuación se aprende a «ser consciente del espacio corporal» –que incluye los músculos, los órganos y, sobre todo, la estructura ósea– y a modificar el tono guiando la atención. Posteriormente, se aplican determinados ejercicios de relajación y movimiento: si el tono está por debajo de lo normal, se aplica un tratamiento estimulante; en caso de que esté por encima, es mejor realizar ejercicios de relajación en el suelo. El uso de objetos que generan armonía –bolsitas de arena, varas de bambú, pelotas de tenis– facilita y complementa el entrenamiento eutónico.

Todos los ejercicios de este libro tienen un efecto eutónico.

Método Feldenkreis

El físico Moshe Feldenkreis (1904-1984) llamó *consciencia a través del movimiento* al objetivo principal de su trabajo. Convencido de que la autoeducación era el único método eficaz para cambiar las costumbres y pautas de comportamiento que nos coartan, desarrolló unos efectivos ejercicios físicos que, con mucha paciencia y atención, enseñan a percibir el cuerpo y los movimientos.

Tanto los movimientos pequeños como los grandes se realizan y perciben conscientemente. Tumbándose, por ejemplo, en el suelo en un clima de paz, la piel entra en contacto con la superficie y es posible sentir la tensión en los músculos y las articulaciones; también pueden observarse las diferencias que existen entre las diversas partes del cuerpo. Los impulsos y movimientos más imperceptibles, repetidos de forma sistemática, tienen un claro efecto relajante y regulador. Sentir la evolución de los movimientos contribuye a desarrollar la sensibilidad necesaria para tratar bien el organismo y concienciarse de los procesos mentales y físicos.

Técnica respiratoria de Ilse Middendorf

La técnica respiratoria de Ilse Middendorf se basa en el conocimiento del significado universal que tiene la respiración en el cuerpo, la mente y el espíritu.

Toda enfermedad y contracción muscular perjudica y bloquea la respiración. La relajación y los movimientos reconfortantes tienen siempre un efecto positivo.

Dado que la respiración está asociada al sistema neurovegetativo, ésta reacciona ante cualquier sensación, sentimiento y pensamiento que se produzca.

El estado anímico se refleja claramente en la respiración: las depresiones la oprimen, mientras que el estado de felicidad la expande.

En el terreno espiritual, la respiración se considera divina, cósmica o energía vital general.

La respiración refleja siempre la globalidad del ser humano, por lo que no tiene sentido regularla desde un punto de vista exclusivamente racional. Si usted se limita a influir en ella –con ejercicios que prolongan la respiración, por ejemplo– podrá mantenerse en forma, pero descuidará el aspecto anímico y mental.

Así pues, el objetivo principal de los ejercicios respiratorios consiste en «experimentar» la respiración con un sentido de la percepción abierto e imparcial. Para ello hay que dejar fluir el movimiento respiratorio –que hace oscilar el cuerpo con suavidad– sin intentar alterarlo. «Deje llegar la respiración, permita que se vaya y espere a que vuelva espontáneamente.» (Cita de I. Middendorf.) Este «saber permitir» –una actitud importante también en otros aspectos de la vida– es la clave para respirar con plenitud y resulta vital según Ilse Middendorf.

Para experimentar y percibir la respiración, coloque las manos sobre el cuerpo, concéntrese en la acción de respirar –«recójase»– y explórela con los sentidos (ver Relajación y respiración, pp. 64-70).

Uno de los objetivos del trabajo respiratorio es aumentar la capacidad de sentir la respiración, la cual sólo puede vitalizar el cuerpo y llegar hasta su célula más pequeña a través del cuidado global. Practicar con continuidad los ejercicios de movimiento y percepción, trabajar con la voz (por ejemplo, entonar vocales) y aplicar determinados masajes hacen que se experimente la respiración con más intensidad y se vitalice y relaje tanto el cuerpo como la mente.

Jacobsen: relajación muscular progresiva

En los años treinta, Edmund Jacobsen desarrolló una técnica revolucionaria denominada *relajación muscular progresiva*, basándose en el hecho de que la tensión emocional y el miedo producen un aumento de la tensión muscular. Tensar enérgicamente determinados grupos musculares y relajarlos de inmediato incrementa la sensación de tensión y relajación, y conduce a un profundo estado de tranquilidad.

Para poner en práctica este sencillo método, tiene que sentarse erguido en una silla y dejar reposar las manos con suavidad sobre los muslos. Empezando por la mano derecha, entre en contacto con el cuerpo, poco a poco, e intente sentirlo. A continuación, tense la mano lenta y conscientemente durante unos instantes y relájela con rapidez. Repita la misma operación con el brazo y el hombro derechos, la mano, el brazo y el hombro izquierdos, el cuello, la cabeza, el pecho, la espalda, las piernas y los pies. Es muy importante prestar suficiente atención a la respiración y no aguantar el aire. Los ejercicios de visualización –imaginar que baja unas escaleras, por ejemplo– tienden a aumentar bastante la relajación.

William Bates: ejercicios para los ojos

William Bates –oftalmólogo de Nueva York, especializado en enfermedades oculares– descubrió que el enfoque de los objetos cercanos y lejanos (acomodación) no sólo dependía del cristalino, sino también de la tensión muscular de los ojos que, a su vez, estaba en función del estado nervioso y anímico de una persona.

Bates desarrolló unos ejercicios de relajación global para los ojos que se utilizaron a fin de corregir defectos concretos de la vista (ver Relajación de los ojos, pp. 54-60). Bates tenía el convencimiento de que aquellos ejercicios eran mucho más eficaces que las gafas, las cuales, en su opinión, únicamente reforzaban dichos defectos.

La fotografía siguiente muestra un ejercicio para relajar la musculatura de los ojos y mejorar la capacidad de acomodación. A fin de realizar este ejercicio, mantenga los ojos abiertos, acerque despacio la mano libre hacia el ojo que no está tapado y, después, con un movimiento rápido, aléjela y colóquela en su posición inicial. A continuación, cambie de mano y repita la operación con el otro ojo.

Masaje clásico

La práctica del masaje proviene de Oriente. Ejerciendo determinadas acciones (rozamientos, compresiones, golpeteos, fricciones, vibraciones, etcétera) se estimula el metabolismo y el riego sanguíneo en la piel, los tejidos y la musculatura, lo cual, a su vez, facilita la evacuación de los residuos corporales. Los masajes suaves ayudan a relajar zonas concretas del cuerpo y a respirar profundamente, de ahí que influyan de forma positiva en el funcionamiento de los órganos internos. Si nota que está

Es importante relajar los músculos de los ojos durante el descanso.

cubierto de piel, podrá desarrollar una mejor percepción de su cuerpo.

Un masaje nunca debe ser demasiado duro o brusco, ya que podría provocar una contratensión. Pero, al realizarlo con precaución, teniendo en cuenta las necesidades y manteniendo la concentración, también se consigue un efecto positivo en el estado de ánimo.

Hanne Marquardt: masaje en las zonas reflejas de los pies

Hanne Marquart adoptó y amplió la técnica que creó el doctor Fitzgerald (1872-1942) y divulgó la masajista Eunice Ingham. Este método parte de la idea de que existen determinadas zonas de los pies que corresponden a zonas u órganos concretos del cuerpo. A través de estas «zonas reflejas» puede relajarse el organismo y aplicar terapias suaves.

El masaje en los pies se realiza básicamente desplazando los pulgares con suavidad por las zonas reflejas con mayor o menor fuerza, en función de las necesidades.

Técnica Alexander

El británico F. Mathias Alexander (1869-1955) descubrió la relación que existía entre la postura de la cabeza y la voz a raíz de su repentina incapacidad para declamar. Posteriormente encontró también un órgano de coordinación nervioso en la musculatura de la nuca, que actuaba en todos los movimientos.

El objetivo de sus ejercicios terapéuticos era relajar la postura de la cabeza. «La cabeza debería oscilar libremente en equilibrio, como una pelota en los dedos de un malabarista.» (Cita de F. M. Alexander.)

Meditación

La meditación es siempre una introspección hacia el centro físico y espiritual y la experiencia del yo. Existen muchísimas formas de meditar, originarias

de diversas culturas. Casi todas se practican en posición sentada, con el tronco y la cabeza erguidos, las manos enlazadas o apoyadas en las rodillas, los ojos entornados y la vista descansando en un punto determinado (ver fotografía de la página 22).

Centrar la mente en una respiración tranquila, recitando mantras o cánticos, mantiene el flujo constante de pensamientos y proporciona un camino hacia el recogimiento, la concentración y la conciencia del yo.

El programa de dos semanas

Los diez ejercicios que vienen a continuación se han elaborado siguiendo un orden específico. Si los realiza de la forma correcta, logrará una posición sentada suelta –que también lo ayudará a relajarse– fundamental para realizar los ejercicios posteriores. Puede practicar uno al día o mantener el orden indicado, si dispone de tiempo para hacer varios ejercicios seguidos o el programa entero.

Tiene que dedicar el tiempo suficiente a cada ejercicio, trabajar con calma y disfrutar de las pausas.

Antes de empezar
Primero ha de conseguir la atmósfera y las condiciones idóneas. Algo fundamental que debe analizar es la habitación que va a utilizar: ha de ser cálida, lo más luminosa posible y estar bien ventilada. Las habitaciones oscuras y con el aire enrarecido cansan y disminuyen la capacidad de concentración.

Lo más aconsejable es cerrar la puerta con la finalidad de que no le moleste ni el movimiento ni el ruido de los demás. En un clima tranquilo y agradable le resultará mucho más fácil distanciarse del bullicio del trabajo o de la casa y conectar con esta pausa de relajación.

También es importante utilizar las prendas adecuadas. La ropa estrecha no sólo impide respirar libremente, también bloquea las funciones de los órganos internos (la digestión, por ejemplo), la circulación sanguínea y el metabolismo. Se sentirá mucho mejor si lleva ropa holgada que le permita libertad de movimiento y espacio para respirar. Los tejidos naturales como la lana, el algodón o la seda son, además, agradables para la piel.

Tampoco tiene que olvidar el calzado; si quiere relajar los pies y el organismo en general, lo mejor es utilizar zapatos que sean planos y cómodos. Los dedos de los pies, sobre todo, han de tener suficiente «espacio libre».

Ya se encuentra en las mejores condiciones para sentirse bien tanto física como anímicamente mientras trabaja y, sobre todo, en el momento de hacer la pausa de relajación. Ahora ha de intentar conectar su mente con los ejercicios.

Al contrario que en el deporte, realizar estos ejercicios no implica hacer un esfuerzo físico, ya que éste genera de forma automática contracciones musculares. Intente seguir las siguientes propuestas de relajación y acepte su aspecto físico tal y como es; algunas veces resulta más fácil relajarse y en otras ocasiones es más difícil. Esto es completamente normal y, cuanto menos se fuerce, con más facilidad se relajará.

Relajación en posición sentada: percepción del cuerpo y de los movimientos

El primer paso hacia la relajación es percibir la tensión del cuerpo. Siéntese en una silla, con la postura habitual. A continuación, observe cómo ha colocado las piernas y los pies: cruzar las piernas dificulta la circulación sanguínea y trastorna el metabolismo; encoger los pies debajo de la silla o alejarlos demasiado del cuerpo puede alterar bastante la posición de la pelvis y, por tanto, la disposición de la columna vertebral.

Coloque las piernas en ángulo recto y los pies paralelos, un poco separados. De esta forma, estará sentado correctamente. Sienta sus pies en el interior de los zapatos. ¿Están bien irrigados o fríos? Juegue un poco con los dedos. ¿Tienen espacio para moverse? Gire los pies hacia la derecha y la izquierda, hacia adelante y atrás. Si el calzado es ancho, puede relajar bastante los pies y estimular el riego sanguíneo con pequeños movimientos.

Recorra la pantorrilla con sus sentidos hasta llegar a las rodillas. Debe saber que los tacones altos contraen el tendón de Aquiles y aumentan la tensión en las pantorrillas, por lo que no es aconsejable utilizarlos demasiado.

Quítese los zapatos unos instantes y deje que los pies se hundan en el suelo, desde los dedos hasta el talón, sintiendo la agradable relajación de la musculatura de las pantorrillas y el alivio que se produce en las rodillas.

Deje las rodillas y dirija sus sentidos a los muslos. ¿Están casi suspendidos en el aire o apoyados en la silla? Siéntese lo más atrás posible para que los muslos puedan descansar sobre la silla.

Siga hacia la pelvis. ¿Percibe tensión en el abdomen o en la región del sacro? Relaje el abdomen, respire profundamente y apoye la espalda en el respaldo de la silla, empezando el movimiento desde la pelvis.

¿La espalda está tensa o relajada? ¿Tiene los hombros encogidos hacia arriba o hacia adelante? ¿Siente el cuello tenso?

Empezando el movimiento desde la pelvis, separe ligeramente la espalda, la cabeza y los hombros del respaldo de la silla; permanezca en el centro unos instantes e inmediatamente después apoye el tronco de nuevo en el respaldo, manteniendo la cabeza erguida. Estire bien los hombros y déjelos caer suavemente.

Partiendo de los hombros, explore la tensión que siente en los brazos y en las manos, doblándolos con suavidad y jugando un poco con los dedos. Deje descansar las manos sobre los muslos, cierre los ojos y vuelva a recorrer el cuerpo con los sentidos.

Para acabar, estírese y contorsiónese desde la cabeza hasta las puntas de los pies y, por qué no, bostece ruidosamente (ver fotografía inferior).

Relajación en posición tumbada

Tumbarse en el suelo para relajarse es ideal, ya que la superficie soporta todo el peso y no hay peligro de que se produzcan nuevas contracciones. La respiración puede fluir con mayor libertad, los movimientos pequeños resultan más fáciles y el contacto con el suelo facilita la eliminación de las tensiones musculares existentes.

Seguro que en su lugar de trabajo hay algún sitio con espacio suficiente para colocar una esterilla o una manta y extender los brazos hacia los lados.

Despliegue en el suelo la esterilla o la manta y compruebe que la habitación y la ropa que lleva son cálidas. Cuando se relaje –en especial si está en el suelo– la temperatura corporal bajará ligeramente. Échese sobre la esterilla y estírese por completo para desentumecerse; colóquese boca arriba, con los pies

apoyados en el suelo, y empiece a mover la espalda con vigor, desde la pelvis (ver fotografía de la página 30).

Deténgase y descanse unos instantes con la cabeza apoyada sobre su parte posterior (la nuca es larga), los brazos en cruz –casi a la altura de los hombros– y las palmas de las manos hacia arriba.

Baje la pierna derecha siguiendo el eje del cuerpo, dejando que el pie derecho se incline hacia afuera (ver fotografía superior). A continuación, deslice la pierna izquierda y deje también que el pie izquierdo caiga hacia afuera.

Cierre los ojos y mueva ligeramente los pies para poder sentir el contacto de los talones con el suelo; notará que los dedos de los pies se relajan y extienden de forma espontánea... Imagínese que la tensión fluye de los pies y se pierde en el suelo. Recorra ambas pantorrillas con los sentidos, notando la superficie que está en contacto con el suelo... La tensión se desvanece.

Explore sus rodillas con los sentidos e imagine sus articulaciones más anchas y luminosas. Disfrute de esa imagen unos instantes.

Visualice sus muslos, que descansan en el suelo, y traspase el peso al suelo. Ambas piernas reposan extendidas y relajadas.

Note el contacto de la pelvis con el suelo; ésta se ensancha y la tensión fluye hacia él. Imagine que el sacro se despliega como un abanico por la espalda.

Tómese tiempo para relajar la espalda. Cada vez que espire aire, hunda la región lumbar (curvatura a la altura de los riñones) un poco más en el suelo. Explore la espalda, a lo ancho y a lo largo, y traspase la tensión a la superficie, especialmente la que sienta en las zonas que más le duelen.

Acto seguido, recorra la parte superior del cuerpo con sus sentidos, hasta llegar a los hombros. Imagine que la clavícula y los omóplatos se extienden sobre el suelo. Con cada inspiración libere un poco la tensión acumulada en la espalda.

Siguiendo las articulaciones de los hombros, llegue a la zona de los brazos en contacto con el suelo. Deje que los brazos descansen. Para relajar los codos, imagine que sus articulaciones son luminosas y se ensanchan. Dese algo de tiempo para que esta visualización produzca efecto.

Continúe con los antebrazos; con lentitud, se van haciendo más pesados... Deje que el suelo aguante su peso.

Perciba el contacto de las manos con el suelo. Relaje las manos y, en especial, los dedos.

Vuelva hacia atrás, siguiendo los brazos y los hombros, hasta llegar al cuello. Sienta cómo éste se hunde un poco en el suelo. La cabeza descansa sobre su parte posterior.

Sienta la cara. «Desdoble» la frente y deje que los ojos se hundan en las cuencas. Relaje las mejillas y la boca, y deje fláccida la lengua desde el paladar.

A continuación, explore de nuevo la relajación que se ha producido en todo el cuerpo. Haga que el suelo aguante su peso y disfrute del silencio. Para terminar el ejercicio, estírese y desentumézcase lenta y profundamente.

Relajación de la pelvis: descansar el centro del cuerpo

«Si el centro del cuerpo descansa, todo movimiento podrá descansar. Este núcleo central se encuentra en la zona del abdomen y la pelvis. Las vértebras de esta parte se llaman vértebras sacras

(*os sacrum* en latín). La posición erguida del hombre nace, precisamente, en un "lugar sagrado". La sabiduría intuitiva que se esconde tras ese nombre demuestra que ya se conocía la cualidad sagrada y curativa de esta zona del cuerpo... Entre el movimiento y el ajetreo de la vida perdura el anhelo de sentirse bien, de sosegar el centro vital.» (Cita de L. Juchli.)

Hay que tener en cuenta que la zona del abdomen y de la pelvis no sólo es decisiva a la hora de adoptar una postura sentada fisiológicamente correcta y relajada, también es un lugar de recogimiento interior. El arte del movimiento y las técnicas de meditación orientales otorgan especial importancia a la concentración en esa zona del cuerpo.

Para descansar y relajar el centro corporal es necesario eliminar los bloqueos existentes y sentir plenamente el volumen y la libertad de movimiento de la zona de la pelvis.

Siéntese en el extremo de la silla, con las piernas en ángulo recto y los pies un poco separados, sintiendo su contacto con el suelo (ver fotografía de la página 34). Compruebe la movilidad de las articulaciones de la cadera desplazando con suavidad las rodillas a derecha e izquierda con las manos, y después vuelva a colocarse en el centro.

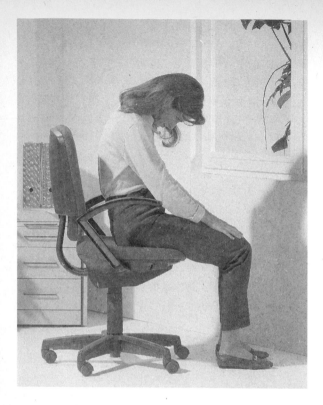

Intente sentir los huesos sobre los que suele sentarse (los isquiones) desplazándose ligeramente sobre ellos; puede colocar las manos bajo las nalgas para sentirlos mejor.

Retire las manos y colóquelas sobre los muslos. Deje caer los hombros y dé espacio a la región abdominal para que pueda respirar.

Inclínese poco a poco hacia adelante, sobre los redondeados isquiones, desplazando la pelvis hacia la curva de las vértebras lumbares. A continuación, ponga la palma de la mano sobre el hueso sacro para sentir con mayor claridad la dirección del movimiento. Luego, vuelva hacia atrás deslizándose sobre los isquiones y déjese hundir en el hueso sacro, con la espalda encorvada y la cabeza un poco inclinada hacia adelante (ver fotografía de la página 36).

A continuación, haga una pequeña pausa y compruebe cómo se libera la tensión de la espalda, el cuello y los hombros con la respiración. Balancéese unas cuantas veces hacia adelante y hacia atrás –muy despacio y entre pausas– y sitúese otra vez en el centro.

Inmediatamente después, desplace con suavidad todo el peso al isquión derecho y levante el lado de la pierna izquierda. Repita el mismo movimiento pero a la inversa y realice el proceso completo un par de veces más.

Una el desplazamiento a derecha e izquierda mediante un movimiento circular, empezando desde el lado derecho: rote por detrás del isquión derecho despacio, rodee el isquión izquierdo y siga hacia adelante. Disfrute del movimiento y la relajación en la musculatura de la pelvis y deje fluir la respiración mientras el tronco y la cabeza siguen este movimiento.

Haga dos o tres giros y cambie de sentido. Finalice el movimiento colocándose de nuevo en el centro, con el cuerpo erguido y el peso repartido equilibradamente entre los dos isquiones. Imagine que la pelvis es una envoltura en la que puede desplegarse y descansar. Cierre los ojos durante unos instantes y disfrute de la agradable sensación de paz y relajación. A continuación, abra los ojos y estírese para despabilarse.

Relajación de la espalda

La espalda, como ocurre con otras partes del cuerpo, no se debe entender y tratar de forma aislada sino con relación al resto del cuerpo. La vitalidad de la parte inferior del organismo es decisiva para relajar bien la musculatura de la espalda y mantener la columna vertebral erguida con soltura. Un buen riego sanguíneo en los pies, las piernas y la pelvis –que puede conseguirse, por ejemplo, haciendo un pequeño balanceo al caminar– es la mejor base para tener la espalda relajada; también contribuye a ello mantener una posición correcta de los pies y de la pelvis cuando estamos de pie o sentados. Naturalmente, es necesario mover y relajar la espalda todo lo posible.

Siéntese de nuevo en el extremo de la silla y observe la posición de las piernas y de los pies. Apoyándose en los isquiones, mueva la pelvis en círculo, de derecha a izquierda, hacia adelante y hacia atrás e incluso en diagonal, como si dibujara un ocho. Contorsionando la espalda, deje que la parte superior del tronco siga estos movimientos. La cabeza y los hombros acompañan el movimiento y las manos se deslizan con suavidad sobre los muslos.

Ahora, coloque las manos con las palmas hacia arriba, de forma que los pulgares señalen hacia afuera. Apóyese en los muslos y mueva la espalda y los hombros en todas direcciones, con vigor. Preste atención a las zonas tensas y notará que el movimiento tiene un efecto bastante reconfortante.

Sitúese otra vez en el centro, con la columna vertebral y la cabeza erguidas. Entrelace suavemente las manos a la altura del estómago y extienda los codos (ver fotografía izquierda de la página 40). Mueva los codos a derecha e izquierda, sintiendo la rotación de la columna vertebral y procurando no levantar los hombros.

Siga moviendo los codos, ahora describiendo pequeños arcos en el aire, haciendo cuenta de que está dibujando un ocho horizontal (ver fotografía derecha de la página 40).

Disfrute de estos pequeños movimientos de balanceo con tranquilidad y sin estresarse; deje que se extingan poco a poco. Deténgase en el centro, cierre los ojos y explore los efectos de este movimiento durante unos instantes.

A continuación, siéntese lo más atrás posible, tocando el respaldo de la silla con la espalda. Partiendo del hueso sacro, mueva la espalda con fuerza contra el respaldo, en todas direcciones.

Brazos, piernas, hombros y cabeza siguen suavemente el movimiento. Dedique todo el tiempo y atención que considere necesarios a las zonas más tensas o que no conocía.

Tras este agradable desperezamiento, reincorpórese sin dejar de apoyarse en el respaldo. El peso recae en la pelvis, el abdomen puede respirar.

Separe un poco más los pies y haga que los brazos cuelguen a los lados del cuerpo. Baje la cabeza y encorve la espalda hacia adelante, muy despacio, respirando con suavidad (ver fotografía inferior). La

columna vertebral se despliega y la musculatura de la espalda se extiende de forma agradable. Apoye el tronco sobre los muslos, respire un par de veces (ver fotografía inferior) y balancee circularmente la columna vertebral, desde la pelvis, poco a poco, hasta llegar al respaldo. Repita la operación y, para finalizar, recorra todo el cuerpo con los sentidos y dedique especial atención a la espalda, que acaba de mover y relajar.

Relajación de la nuca
y de la zona de los hombros

En la actualidad, la tensión en la nuca y en la zona de los hombros es una de las dolencias más habituales. La falta de ejercicio, permanecer sentado durante mucho rato y en tensión –especialmente en la oficina o en el coche–, y la presión que se ejerce en los hombros y en la nuca son algunas de sus causas. Una musculatura de la nuca rígida es capaz de provocar dolor de cabeza o migrañas, perjudicar la vista (ver Relajación de los ojos, pp. 54-60) y causar lesiones en las vértebras cervicales.

Si pone en práctica algunos de los ejercicios que se explican a continuación, conseguirá descargar esta zona del cuerpo con facilidad. Para empezar, siéntese inclinado hacia adelante y estírese de la cabeza a los pies (los brazos y las manos incluidos).

Apoye las manos en los muslos, suba los hombros y muévalos en todas direcciones. La cabeza acompañará todos sus movimientos (ver fotografía izquierda de la página 44). Es probable que se produzcan crujidos y chasquidos desagradables, pero, mientras no sienta dolor, no hay nada que temer. Si le hace daño, reduzca la amplitud de sus movimientos.

Una vez estimulado el riego sanguíneo, colóquese en el centro y reclínese hasta conseguir que la

espalda, siempre erguida, toque el respaldo de la silla. Los pies están en el suelo y el peso recae sobre la pelvis.

Vuelva a subir los hombros todo lo que pueda, despacio, sin aguantar la respiración y manteniendo la cabeza erguida. Baje los hombros de nuevo y llévelos un poco hacia atrás. Empiece a moverlos de forma circular de delante hacia atrás, primero al mismo tiempo y después alternativamente. (¡Hay que evitar girarlos de atrás hacia adelante!)

Balancee los hombros con suavidad hacia adelante y hacia atrás hasta relajarlos del todo (ver fotografía derecha de la página 44). Acabe el movimiento en el centro.

Incline la cabeza hacia la derecha y acerque la oreja al hombro, sin que éste se levante (ver fotografía inferior). La musculatura del lado izquierdo se estira produciendo una sensación agradable; relájase un poco más, de forma consciente, cada vez que espire aire.

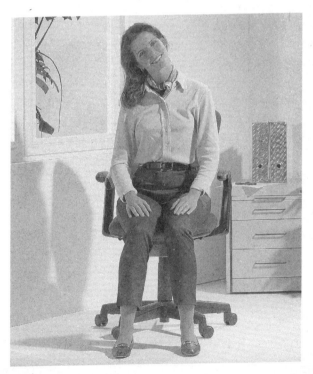

Sitúe la cabeza otra vez en el centro y compare ambos lados. A continuación, inclínela hacia la izquierda y relaje la musculatura del lado derecho del cuello y de los hombros con el estiramiento. Ponga la cabeza recta y dedique un momento a descubrir qué está ocurriendo en su cuerpo.

Baje la cabeza hacia adelante para estirar la musculatura de la nuca. Haga una pequeña pausa y repita la operación, despacio, unas cuantas veces. Enderece la cabeza de nuevo y disfrute de la sensación de relajación en la musculatura de la nuca antes de empezar el siguiente ejercicio.

Ahora, gire la cabeza poco a poco hacia la derecha y mire por encima del hombro, que se ha desplazado ligeramente hacia atrás siguiendo el movimiento de la cabeza (ver fotografía de la página 47). Concentre sus sentidos en el giro que ha dado la espalda desde la pelvis. Respire profundamente dos veces durante el estiramiento y vuelva a la posición inicial. Deje que el estiramiento produzca su efecto. Repita el movimiento, esta vez hacia la izquierda. A continuación, gire otra vez la cabeza hacia la derecha, muy despacio. Después, muévala de derecha a izquierda unas cuantas veces.

Cruce las manos detrás del cogote, extienda los codos e incline la cabeza hacia atrás. A continuación,

inclínela hacia adelante, con los codos en paralelo (ver fotografía superior). No debe tirar de la cabeza, el estiramiento tiene que resultar agradable.

Iniciando el movimiento desde la cabeza, doble la columna hasta apoyar el tronco sobre los muslos. Deslice las manos por encima de la cabeza y suéltelas.

Frote varias veces la nuca con la mano hasta llegar a la cabeza, apretando con delicadeza la musculatura. Baje la mano y desperece brazos, piernas, hombros y cabeza. Compruebe la sensación de relajación que se produce en la nuca y en la zona de los hombros.

Masaje

Aplicar masajes sencillos para relajarse y distender el cuerpo resulta muy efectivo y agradable. Con frecuencia nos llevamos la mano automáticamente a la zona del cuerpo que nos duele a fin de mitigar el dolor. El simple hecho de tocarnos y mimarnos nos ayuda a eliminar un poco la tensión.

No hay que olvidar que los masajes han de hacerse despacio, con suavidad y tranquilidad; trabajar demasiado rápido genera desasosiego y utilizar más fuerza de la necesaria provoca una contratensión en la musculatura.

Siéntese en una silla, cómodo y erguido, con la espalda apoyada en el respaldo. El peso del cuerpo recae sobre la pelvis. Manteniendo el pie izquierdo firme en el suelo, descalce el derecho y póngalo apoyado sobre el muslo izquierdo. Procure bajar al máximo la rodilla derecha y mantenga el cuerpo erguido y relajado; es decir, sin levantar para nada los hombros (ver fotografía de la página 50).

Frote el pie con ambas manos, hasta los dedos y los talones. Doble suavemente los dedos de los pies hacia adelante y hacia atrás con una mano, varias veces y, a continuación, haga unas pequeñas fricciones a lo largo y alrededor de cada dedo con el pulgar y el índice.

Coja el pie con ambas manos y masajee y friccione la planta, la parte posterior y alrededor de los dedos. A través de las zonas reflejas (ver Hanne Marquardt: masaje en las zonas reflejas de los pies, p. 21) estimule tanto el metabolismo como el riego sanguíneo del cuerpo. Frote de nuevo todo el pie, apóyelo en el suelo, cálcese y compare qué siente en cada uno. Compruebe los efectos que ha producido este sencillo masaje.

Ahora repita la misma operación con el pie izquierdo. Colóquelo apoyado sobre el muslo derecho y mantenga una postura correcta mientras efectúa el masaje:

- Frote el pie.
- Doble los dedos.
- Haga pequeñas fricciones en los dedos.
- Masajee a conciencia todo el pie.

Después del masaje, ponga el pie en el suelo otra vez para notar el efecto producido.

Apoye las manos sobre las rodillas, sacuda las piernas moviendo ligeramente las rodillas y frote las dos rótulas un par de veces con un movimiento circular.

A continuación, coloque las manos en el sacro y deslícelas un poco hacia el extremo de la silla para que los brazos tengan más libertad de movimiento. Frote hacia arriba y hacia abajo, desde el coxis hasta el sacro y la parte inferior de la espalda.

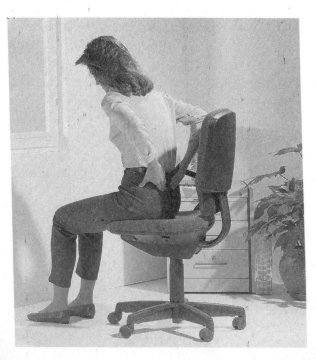

Deténgase en el centro del hueso sacro. Presione débilmente con las yemas de los dedos índice y corazón y, dibujando pequeños círculos, deslice los dedos hacia los costados, hacia arriba y hacia abajo (ver fotografía de la página 52).

Coloque las manos a derecha e izquierda de la musculatura de la espalda, por encima de la pelvis; frote bien la parte inferior y recuéstese en el respaldo. A continuación, utilizando la mano derecha,

frote desde el esternón hasta la punta del hombro izquierdo y a su alrededor. Presione la musculatura, dé un masaje reparador en esa zona (ver fotografía de la página 53) y siga haciendo friegas hasta llegar al brazo. Compruebe qué nota en cada hombro.

Con la mano izquierda, frote desde el esternón hasta la punta del hombro derecho y a su alrededor. Al igual que ha hecho en el otro lado, relaje la musculatura y aplique pequeñas friegas. Verifique cómo se relajan el omóplato y la clavícula.

Presione la musculatura de la nuca con una mano, manteniendo la cabeza erguida. Finalmente, recorra toda la nuca dando pequeños masajes y cambiando de mano de vez en cuando.

Frote la nuca, sacuda las manos y los brazos para relajarse y deje reposar las manos sobre los muslos.

Recorra todo el cuerpo con los sentidos, de la cabeza a los pies, para sentir los agradables efectos del masaje.

Relajación de los ojos

Casi la mitad de las impresiones sensoriales son sensaciones visuales. Los ojos contribuyen de forma

decisiva a la percepción de nuestro entorno, y es importante dedicarles una atención especial. La vista depende de diversos factores: el cristalino, las tres túnicas o membranas oculares, el cuerpo vítreo (*corpus vitreum*), el nervio óptico –que está unido al cerebro a través del sistema nervioso central– y, naturalmente, la musculatura del ojo.

El nervio óptico, la musculatura y los vasos sanguíneos están enlazados al cuerpo mediante la nuca. Así, es lógico trabajar la relajación de la nuca y el cuerpo de forma global pero sin olvidar el estado anímico y nervioso en que nos encontramos, ya que éste tiene una gran repercusión en los órganos sensoriales. La tensión nerviosa, la mental y las actividades estresantes que requieren concentración –trabajar con ordenadores o en espacios sin luz natural, por ejemplo– fatigan los ojos y perjudican la capacidad visual.

La relajación de los ojos no sólo mejora la visión, también calma los nervios y mejora el bienestar general.

Empezaremos con uno de los aspectos más importantes: la estimulación y la armonización del cuerpo.

Sitúese frente a la ventana. Si es posible, ábrala a fin de que los pulmones puedan oxigenarse y expandirse con el ejercicio. Póngase de pie, erguido, con los pies separados y paralelos a los hombros, la cabeza recta y los brazos colgando, relajados, a los lados del cuerpo.

Empiece a girar un poco el eje del cuerpo hacia los lados. En el momento de rotar a la derecha, el talón izquierdo se eleva y los brazos cuelgan alrededor de la cadera derecha; cuando gire hacia la izquierda, se eleva el talón derecho y los brazos cuelgan alrededor de la cadera izquierda (ver fotografía de la página 55). El ritmo del balanceo no debe ser superior al de un vals lento y, al girar, los hombros no han de superar la posición paralela respecto a la pared de los lados. La cabeza no tiene que estar rígida mirando al frente; manténgala erguida y deje que acompañe ligeramente el movimiento del cuerpo. Con los ojos abiertos pero relajados, deje vagar la mirada –sin fijarla en algo concreto– y parpadee de vez en cuando para humedecerlos.

Intente percibir cómo se mueve la habitación en sentido contrario. Luego mire por la ventana y compruebe que los árboles y las casas se mueven en la misma dirección que usted. A continuación, enfoque la vista hacia un punto lejano y otro cercano cada dos o tres giros, alternativamente. Si se marea, trate de balancearse aún más despacio y relájese notando cómo se mueven los pies. Pare de balancearse poco a poco hasta detenerse en el centro, piense en las sensaciones que le han producido estos giros y vuelva a la silla.

Ahora siéntese erguido y cómodo, con los pies en el suelo y la cabeza y la nuca rectas. Deje caer los párpados con suavidad y cierre los ojos. Relaje la frente e intente sentir la luz o, si es posible, el calor del sol sobre los párpados (ver fotografía de la página 59).

Sin bajarla, gire muy despacio la cabeza unos 10 cm a la derecha y después a la izquierda. Permanezca en esta postura y disfrute de la agradable relajación de la musculatura de los ojos. La luz estimula la retina y fortalece el tejido nervioso. Quédese dos minutos en el centro y abra los ojos despacio.

Acérquese todo lo que pueda a la mesa para apoyar los codos encima con comodidad. Lo mejor, sin embargo, es colocar un almohadón en el regazo y apoyar los brazos en éste. De esta forma, se mantendrá erguido. Si no tiene las manos calientes, frótelas con fuerza una contra otra.

Cierre los ojos y tápelos suavemente con las palmas de las manos cálidas y relajadas, sin ejercer

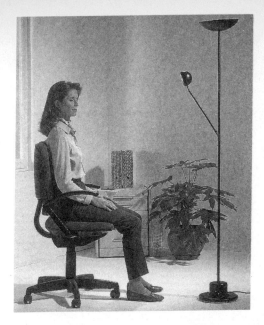

presión sobre la nariz o los ojos y de forma que no pase la luz (ver fotografía de la página 60).

Piense en un recuerdo agradable. Por ejemplo, una experiencia hermosa con la naturaleza o una situación que le hizo sentir feliz domina su mente por unos instantes... Deje que la imagen vaya apareciendo poco a poco y visualice tranquilamente cada detalle.

Cuando la imagen desaparezca y se vuelva a sumergir en la oscuridad, la sentirá más oscura y más

negra. Entonces, aparte las manos de la cara, dé-
jelas caer y abra los ojos muy despacio. Observe
su alrededor y perciba la sensación de relajación
que se produce en la vista.

Relajación del cuerpo y de la parte inferior de la espalda, en posición tumbada

Ahora intentará relajarse otra vez en el suelo. Para ello, extienda una esterilla o una manta, túmbese sobre ella y estírese con suavidad. Observe cómo se distienden las articulaciones y se mueve y relaja la musculatura.

Tumbado sobre la espalda, con los brazos extendidos y los pies paralelos a las caderas, imagine que está descansando en una cálida playa. Frote su espalda –desde la pelvis hasta la clavícula– contra la arena, dejando que la cabeza y los brazos acompañen suavemente sus movimientos.

Deténgase, doble las piernas y llévelas al abdomen. Rodee las piernas con los brazos y, a continuación, cubra las rodillas con las manos –la mano derecha sobre la rodilla derecha y la mano izquierda sobre la rodilla izquierda–. Separe y baje las rodillas, manteniendo los brazos y los hombros bien relajados (ver fotografía de la página 62). Despacio, incline un poco las rodillas hacia la derecha y después hacia la izquierda. Repita varias veces este balanceo, con un movimiento cada vez más amplio.

De forma progresiva convierta el balanceo en una rotación y vaya cambiando de sentido alternativa-

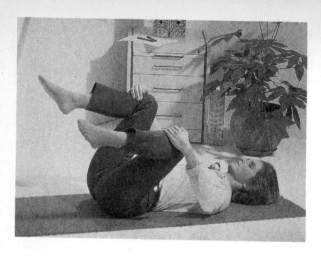

mente. Con este movimiento realice una especie de masaje sobre y alrededor del sacro. Entonces, apoye los pies en el suelo y descanse; también puede bajar las piernas y extender los brazos en el suelo. Respire unas cuantas veces.

Suba las piernas otra vez hasta el abdomen, cubra las rodillas con las manos y muévalas en direcciones diferentes: puede mover una hacia adelante y la otra acercarla hacia el estómago, desplazar una hacia un lado y dejar la otra sobre el cuerpo, etcétera. Pruebe con precaución las diversas posibilidades (ver fotografía de la página 63) y observe cómo se va relajando la parte inferior de la espalda. Quédese quieto, busque una posición que le resulte bastante cómoda y disfrute por unos instantes de

la agradable sensación de relajación. Este ejercicio está especialmente indicado en caso de padecer ciática.

Más adelante, apoye de nuevo los pies en el suelo, extienda los brazos e intente percibir la relajación de la parte inferior de la espalda. A continuación, baje primero una pierna y después la otra. El suelo aguanta su cuerpo. Imagine un cálido sol en la zona de la pelvis y en el abdomen. Los rayos dorados calientan y distienden las articulaciones de la cadera y recorren los muslos. Usted siente su beneficioso y agradable efecto en las articulaciones de las rodillas. Desde allí, tanto la luz como el calor atraviesan las articulaciones y las pantorrillas, y llegan a los pies y a los dedos.

Vuelva a dirigir sus sentidos a la pelvis. El sol brilla en la parte superior del tronco, calienta el tórax, atraviesa las articulaciones de los hombros y se extiende por las costillas y el diafragma. Disfrute de los cálidos y dorados rayos que relajan las articulaciones de los hombros, recorren los brazos y distienden las articulaciones de los codos. Siga el calor y la luz que se extienden por los antebrazos, hasta llegar a las manos y sus articulaciones. Los dedos se van relajando uno a uno. Tómese tiempo para visualizar esta imagen.

A continuación, sacuda vigorosamente las manos y los pies. Cierre y abra los puños, juegue con los dedos y haga girar pies y manos; después, mueva brazos y piernas en todas direcciones y pruebe las distintas articulaciones, tanto en el suelo como en el aire.

Inclínese hacia un lado, encójase al máximo, túmbese otra vez sobre la espalda y estire todo el cuerpo, hasta las puntas de los dedos. Luego, inclínese hacia el otro lado, vuelva a encogerse... y realice este ejercicio de relajación varias veces a cada lado.

Relajación y respiración

La respiración natural está regulada por el centro respiratorio en la alargada médula espinal y se ve influida por su estado físico y espiritual: el dolor y la tensión bloquean la respiración; la alegría y la relajación, en cambio, la hacen más profunda. Sintiendo y «experimentando» la respiración (ver Técnica respiratoria de Ilse Middendorf, pp. 16-18) y trabajando y aumentando la capacidad pulmonar, usted podrá paliar el nerviosismo y el exceso de tensión, además de renovar sus fuerzas.

Siéntese en una silla –sin llegar al fondo– con las piernas dispuestas en paralelo a las caderas y los pies firmemente apoyados en el suelo. Desplácese un poco sobre los isquiones, en todas direcciones. Haga sus movimientos más amplios de forma progresiva. La espalda, la cabeza y los hombros acompañan el balanceo y las manos descansan sobre los muslos. Observe cómo se activa el riego sanguíneo.

Vaya reduciendo la amplitud de los movimientos y empiece a mover en círculo la zona de la pelvis, hacia la derecha y hacia la izquierda.

Deténgase lentamente, hasta quedar inmóvil en el centro, con el tronco erguido y el peso concentrado en la pelvis.

Frote el esternón y el arco costal derecho con la mano derecha hasta llegar a la columna vertebral y vuelva atrás. Realice la misma operación con la mano izquierda (ver fotografía inferior). Repita el ejercicio varias veces; frote la zona con ambas manos a la vez, sin prisas y sin levantar los hombros. Explore los costados del cuerpo con el dorso y la palma de las manos.

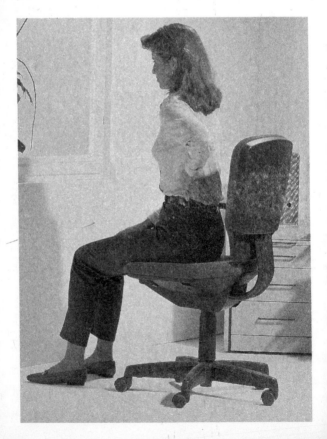

Pasado un rato, deje caer las manos y concentre sus sentidos en el movimiento respiratorio: la respiración mueve suavemente los costados hacia afuera y hacia adentro.

Se dispone a trabajar la parte del cuerpo que acaba de frotar y estimular. Para ello, arquee todo lo que pueda el costado derecho, concentrando el

peso también en el isquión derecho (ver fotografía de la página 67); a continuación, haga lo mismo con el costado izquierdo. Repita este estiramiento dos o tres veces. Ahora, el movimiento empieza en la espalda: parte de un lado se desliza hacia adelante y pasa al otro lado formando un círculo; la pelvis, los omóplatos y la clavícula apenas acompañan el movimiento. Haga varios giros en ambos sentidos.

Cese el movimiento poco a poco hasta quedar inmóvil justo en el centro. Compruebe cómo se ha relajado y distendido la zona de los costados y cuánto se ha reactivado la respiración.

Gire la cintura hacia la derecha y hacia atrás todo lo que pueda, acompañando el movimiento con la cabeza. Apoye la mano izquierda sobre la parte externa del muslo derecho para ayudarse y, seguidamente, lleve el brazo derecho lo más atrás posible, detrás del respaldo de la silla (ver fotografía de la página 69). Encoja el hombro y estire la palma de la mano derecha con suavidad.

Al aumentar la capacidad pulmonar puede respirar con más profundidad. A continuación, gire despacio en sentido opuesto. Coloque la mano derecha sobre el muslo izquierdo y lleve el brazo izquierdo detrás del respaldo.

Estire un poćo el hombro y la palma de la mano izquierda, mantenga esa posición durante unos instantes y haga respiraciones profundas un par de veces.

Suelte la mano derecha y el brazo izquierdo, extienda los brazos en cruz y gire el tronco a derecha e izquierda, desde la cintura. Los brazos y las manos

acompañan el movimiento con suavidad en el aire; la cabeza también se mueve ligeramente (ver fotografía superior izquierda).

Vuelva despacio al centro. Coloque las manos sobre los muslos con suavidad y observe la fluidez de la respiración y los movimientos respiratorios en la espalda y los costados. A continuación, masajee y frote las manos con vigor, entrelace los dedos, gire las palmas hacia afuera y estírese en diversas direcciones con todo el cuerpo (ver fotografía superior derecha).

Visualización

La visualización consiste en crear imágenes con la fantasía o bien representar imágenes ya conocidas.

Sumergirse en estas imágenes nos lleva a un profundo estado de descanso y relajación.

Si lo desea, puede prolongar o complementar con sus propias imágenes la visualización que verá ahora. Con el tiempo, será capaz de crear imágenes relajantes similares a ésta con su fantasía y sus propias experiencias.

Siéntese en una silla y estire el cuerpo para desentumecerse. Apoye la espalda erguida y relajada en la silla y cierre los ojos.

Imagine que está haciendo una travesía por el mar y se dirige hacia una isla... La vida cotidiana se desvanece en la lejanía.

Ahora usted se encuentra en un hermoso y antiguo barco que se desliza, recio e imponente, sobre el mar. Pasee la vista lentamente por las oscuras tablas de madera, las luminosas cuerdas y maromas, el cobre y el latón. Alce la vista hacia el poderoso mástil y mire cómo ondean las pálidas velas.

Sobre usted se extiende un intenso cielo azulado. Disfrute del calor del sol en la piel, el cuello, los hombros, los brazos, las piernas, los pies... El calor fluye igual que un torrente por su cuerpo y se siente relajado y tranquilo.

Escuche con atención el sonido de las olas que se estrellan contra el casco de madera del barco. Su respiración fluye suave y acompasadamente, como las olas. El vaivén del barco le mece con delicadeza.

Ahora se encuentra en la borda del barco, observando el mar que centellea con tonos verdes y azules de los que nace, furtiva, una blanca y rizada espuma que corona las grandes olas. Huela el áspero y salado aroma del mar.

Mire hacia el agua hasta descubrir la isla, que se aproxima lentamente. Poco a poco, empieza a verla con claridad: su inmensa playa tapizada de variedades de arbustos, sus verdes prados repletos de flores y árboles...

Salte a un pequeño bote y déjese llevar, atravesando el sereno mar, hasta la isla. Cuando baje del bote, hunda los pies en la cálida agua salada, que juega alrededor de sus pantorrillas. Sienta la suave y húmeda arena bajo los pies. Camine lentamente hasta llegar a la playa. La arena está caliente, sus pasos se hunden en ella.

Encuentra un hermoso lugar y se echa en la arena, cálida y blanda que siente bajo su espalda, su cabeza, sus brazos, sus piernas... Deje que la arena lo sostenga y note el suave movimiento de su respiración.

Oiga los sonidos que se producen a su alrededor: el zumbido de las abejas, el agradable canto de los pájaros, el imponente crujido de las hojas zarandeadas por el viento, el susurro de un abejorro...

Al mirar el cielo ve volar una gaviota. Disfrute del calor, la tranquilidad y la relajación.

Lentamente, vuelva al presente, abra bien los ojos y observe su entorno. Para acabar, puede estirarse y desperezarse.

Sugerencias para relajarse durante el día

Tras estar mucho rato sentados, de pie o caminando, solemos sentir la necesidad de relajarnos pero, generalmente, no disponemos del tiempo suficiente. Los ejercicios expuestos a continuación pueden hacerse de forma rápida y sin esfuerzo; invitan al descanso, al menos durante unos instantes.

Sentado

Siéntese en una silla, con las piernas paralelas a los hombros y los pies apoyados en el suelo. Apoye la espalda en el respaldo del asiento, manteniendo la cabeza erguida y los hombros relajados.

Cierre los ojos, coloque las manos sobre el abdomen y preste atención sólo a su respiración. Al inspirar, el abdomen se curva un poco hacia afuera; al espirar el aire, vuelve a su posición inicial. Permanezca un rato de este modo.

A continuación, apoye las manos en la parte inferior del abdomen, presione suavemente e intente sentir de nuevo cómo oscila su respiración. Disfrute de ese rítmico, tranquilo y repetitivo movimiento que relaja el cuerpo y calma el nerviosismo. Tras unos instantes, abra los ojos y retire las manos del cuerpo.

Siéntese en el extremo de la silla. Extienda la pierna izquierda hacia adelante, levante la derecha y rodee la rodilla con ambas manos (ver fotografía de la página 74).

A continuación, apóyese con suavidad en la parte inferior de la espalda. Compruebe cómo los brazos se alargan, los hombros se hunden, la espalda se encorva y la cabeza se inclina un poco hacia adelante. El peso recae en la pelvis.

Saboree tranquilamente esos momentos de relajación. Para ello, puede elegir, por ejemplo, balancearse hacia adelante y hacia atrás con mucha suavidad con la finalidad de aumentar la sensación de relajación. Repita la operación cambiando de pierna.

Siéntese sobre la superficie de la silla, con las piernas separadas. Apoye los brazos y las palmas de las manos en la mesa e incline la cabeza sobre las manos o en las muñecas.

Descanse sobre la frente o bien opte por girar ligeramente la cabeza hacia un lado. Cada vez que espire aire, procure relajar un poco más la espalda y los hombros. Deje libre el abdomen y disfrute de la agradable sensación de relajación que nace en su interior.

Después, estire la pelvis y la espalda hacia arriba, lentamente, apoyando las manos en la mesa y ayudándose con los brazos.

Separe la silla de la mesa, de forma que no llegue a tocarla aunque extienda los brazos. Siéntese —ocupando toda la superficie de la silla— y apoye la espalda en el respaldo. Coloque los brazos detrás del respaldo y entrelace las manos. Estire las manos y los brazos hacia atrás, al máximo, para que la columna vertebral se curve hacia adentro y el tórax y los hombros queden estirados. Respire con suavidad y lleve la cabeza un poco hacia atrás.

A continuación, suelte los brazos y llévelos hacia adelante. Entrelace las manos, gire las palmas hacia afuera y estírelas hacia adelante. Los brazos se alargan, la espalda se encorva y estira, y la cabeza queda entre los brazos. Repita el mismo estiramiento, en diagonal, a derecha e izquierda.

Sin desenlazar ambas manos, suba los brazos, la cabeza y los hombros. Las palmas de las manos miran hacia el techo. Estírese con vigor hacia arriba.

Es importante que no aguante la respiración. Suelte las manos, baje los brazos y extiéndalos a los costados. Para finalizar, sacuda el cuerpo para aflojarlo.

De pie

Póngase de pie, con las piernas paralelas a los hombros. Sacuda las piernas, la pelvis, los hombros y los brazos para relajarse.

Inclínese hacia adelante flexionando el tronco (procure no mantener rígida la cabeza en la zona de la nuca). Doble un poco las rodillas (ver fotografía de la página 77). Vuelva a sacudir el cuerpo y reincorpórese.

Busque una pared despejada o una puerta lisa y bien cerrada. Colóquese a unos 20 cm de distancia, con las piernas separadas y la espalda apoyada contra la superficie. Recuéstese y empiece a estirarse y retorcerse con toda la espalda apoyada contra la pared. Las piernas y la pelvis siguen suavemente sus movimientos; de esta forma, la parte inferior de la espalda –y, sobre todo, la curva de los lumbares– entra también en contacto con la pared y se incorpora al movimiento. Además, la cabeza se desplaza con el cuerpo; si lo desea, incluso puede mover los brazos.

Haga una pausa siempre que lo necesite, recostando el cuerpo y la parte posterior de la cabeza contra la pared.

Al final, dése un pequeño impulso desde la pared y pasee un poco por la habitación.

Epílogo

Seguro que algunos de los ejercicios del programa le han resultado especialmente beneficiosos. Puede repetirlos, sin peligro alguno, tan a menudo como desee. En cada ocasión el efecto será distinto y el estado de relajación irá aumentando. Recogerse y concentrarse en uno mismo también tiene un efecto calmante, relajante y constructivo.

Con el tiempo, su ritmo cotidiano será más relajado y tendrá mucho menos estrés.

life without him. One of these days soon she hoped to become pregnant with Gerard's child. She already knew she was going to nickname him Hank, if it was a boy.

"Do you know where you're going on your honeymoon?"

"No." Her voice trembled. "It's a big secret."

"Whitney? You and Gerard—you still haven't—"

Whitney shook her head negatively.

"Are you nervous?"

"No! Anything but!"

The two sisters burst into quiet laughter.

"The man's gorgeous, Whitney."

"I know." Her voice throbbed. She was his wife now. In a few minutes they were going to be alone, able to express their love. The waiting had been pure torture, but she wasn't sorry. Now she would know the thrill of a real wedding night. It was one experience she'd been anticipating all her life.

"To think you met him in Mexico of all places. I love him already. He's been especially kind to me and Greg. But he can be so funny, too. Honestly, he and the Lufka brothers are hilarious together. You're so lucky."

"I am, but so are you, Christine. You have the most wonderful child in the world. Someday you'll meet the right man and he'll love Greg, too."

"I hope so."

"I know so."

"Whitney?" Their mother poked her head in the door. "I think your new husband is going to have a coronary if you don't make an appearance soon."

"I'm coming."' Giving him a kiss on the forehead,

she handed Greg back to his mommy, then kissed her sister's cheek before following her mother out of the bedroom.

Gerard was standing at the end of the hall, his expression anxious. The second he saw her, he strode toward her and crushed her in his arms. "Thank God."

"Darling?" She raised her head. "What's the matter?"

"I thought—" He groaned, then held her closer. "It doesn't matter what I thought."

"What?" she cried softly, intrigued by his mysterious behavior.

"Phil said—" But he broke off talking to give her a kiss that left them both breathless.

"What about Phil?" she murmured against his lips.

"He said Roman and Yuri had kidnapped you as a joke. When I couldn't find them or you, I began to think Phil was telling me the truth. I had visions of spending half the night trying to find you."

Whitney chuckled and held her husband tighter. "I love your friends for loving you so much."

"You call that friendship?" He practically barked the words in frustration.

"Yes. They know how much we've been waiting and longing for this night, and obviously wanted to add to the excitement."

She felt his taut body relax.

"*Lord,* I love you, Whitney. Let's get out of here so I can start to show you how much."

"They'll probably follow us."

''I don't care what they do now that I've got you in my arms.''

Whitney didn't care, either. She'd found her prince. All was well in their kingdom.

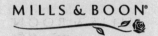

Makes
any time
special

Enjoy a romantic novel from
Mills & Boon®

Presents...™ *Enchanted*™ *Temptation*®

Historical Romance™ *Medical Romance*™

MILLS & BOON®

Next Month's Romance Titles

$\heartsuit$

Each month you can choose from a wide variety of romance novels from Mills & Boon®. Below are the new titles to look out for next month from the Presents...™ and Enchanted™ series.

Presents...™

A BOSS IN A MILLION	Helen Brooks
HAVING LEO'S CHILD	Emma Darcy
THE BABY DEAL	Alison Kelly
THE SEDUCTION BUSINESS	Charlotte Lamb
THE WEDDING-NIGHT AFFAIR	Miranda Lee
REFORM OF THE PLAYBOY	Mary Lyons
MORE THAN A MISTRESS	Sandra Marton
THE MARRIAGE EXPERIMENT	Catherine Spencer

Enchanted™

TYCOON FOR HIRE	Lucy Gordon
MARRYING MR RIGHT	Carolyn Greene
THE WEDDING COUNTDOWN	Barbara Hannay
THE BOSS AND THE PLAIN JAYNE BRIDE	Heather MacAllister
THE RELUCTANT GROOM	Emma Richmond
READY, SET...BABY	Christie Ridgway
THE ONE-WEEK MARRIAGE	Renee Roszel
UNDERCOVER BABY	Rebecca Winters

On sale from 3rd September 1999

H1 9908

Available at most branches of WH Smith, Tesco, Asda, Martins, Borders, Easons, Volume One/James Thin and most good paperback bookshops

FREE!

4 Books
and a surprise gift!

We would like to take this opportunity to thank you for reading this Mills & Boon® book by offering you the chance to take FOUR more specially selected titles from the Enchanted™ series absolutely FREE! We're also making this offer to introduce you to the benefits of the Reader Service™—

- ★ FREE home delivery
- ★ FREE gifts and competitions
- ★ FREE monthly Newsletter
- ★ Books available before they're in the shops
- ★ Exclusive Reader Service discounts

Accepting these FREE books and gift places you under no obligation to buy; you may cancel at any time, even after receiving your free shipment. Simply complete your details below and return the entire page to the address below. *You don't even need a stamp!*

YES! Please send me 4 free Enchanted books and a surprise gift. I understand that unless you hear from me, I will receive 6 superb new titles every month for just £2.40 each, postage and packing free. I am under no obligation to purchase any books and may cancel my subscription at any time. The free books and gift will be mine to keep in any case.

N9EB

Ms/Mrs/Miss/Mr ....Initials...
BLOCK CAPITALS PLEASE

Surname...

Address..

....

....Postcode ....

Send this whole page to:
THE READER SERVICE, FREEPOST CN81, CROYDON, CR9 3WZ
(Eire readers please send coupon to: P.O. BOX 4546, KILCOCK, COUNTY KILDARE)

Offer not valid to current Reader Service subscribers to this series. We reserve the right to refuse an application and applicants must be aged 18 years or over. Only one application per household. Terms and prices subject to change without notice. Offer expires 29th February 2000. As a result of this application, you may receive further offers from Harlequin Mills & Boon and other carefully selected companies. If you would prefer not to share in this opportunity please write to The Data Manager at the address above.

Mills & Boon is a registered trademark owned by Harlequin Mills & Boon Limited.
Enchanted is being used as a trademark.

Spoil yourself next month
with these four novels from

TEMPTATION

MACKENZIE'S WOMAN by JoAnn Ross

Bachelor Auction

Kate Campbell had to persuade Alec Mackenzie to take part in a
charity bachelor auction. This rugged adventurer would have
women bidding millions for an hour of his time. Trouble was,
Alec wasn't really a bachelor. Though nobody knew it—he was
married to Kate!

A PRIVATE EYEFUL by Ruth Jean Dale

Hero for Hire

Nick Charles was a bodyguard on a vital assignment. But no one
had yet told him exactly what that assignment was! So he was
hanging around a luxury resort, waiting… Then along came
luscious Cory Leblanc and Nick just knew she was a prime
candidate—for *something*…

PRIVATE LESSONS by Julie Elizabeth Leto

Blaze

'Harley' turned up on Grant Riordan's doorstep and sent his
libido skyrocketing. Hired as the 'entertainment' for a bachelor
party, she was dressed like an exotic dancer but had the eyes of
an innocent. Unfortunately, after a little accident, she didn't
have a clue who she was…

SEDUCING SYDNEY by Kathy Marks

Plain-Jane Sydney Stone was feeling seriously out of place in a
glamorous Las Vegas hotel, when she received a mysterious
note arranging a date—for that night! She was sure the message
must have been delivered to the wrong woman. But maybe
she'd just go and find out…